Giovanni Scafaro

NESTOS – IL MIO RITORNO A CASA

poesia vincitrice assoluta del concorso
LA FIABASTROCCA 2015

Youcanprint *Self-Publishing*

Titolo | NESTOS – Il mio ritorno a casa
Autore | Giovanni Scafaro

ISBN | 978-88-93210-99-7

Youcanprint Self-Publishing
Via Roma, 73 – 73039 Tricase (LE) – Italy
www.youcanprint.it
info@youcanprint.it
Facebook: facebook.com/youcanprint.it
Twitter: twitter.com/youcanprintit

INDICE

Prefazione

Il viaggio come esplorazione di se stessi e del mondo, la ricerca di una conoscenza più profonda, della verità oltre l'illusione, sono esigenze proprie e irriducibili dell'uomo. Ci sono coloro che temono di percorrere tali sconosciuti e pericolosi itinerari, che preferiscono trincerarsi nel loro molo sicuro, al riparo dalle tempeste esistenziali. E poi vi è chi non teme l'incognita di approdi ignoti, chi si abbandona e naviga nell'immenso e buio oceano cercando luci che rischiarino nuovi orizzonti.

La poesia *NESTOS – Il mio ritorno a casa* parla dell'esperienza vissuta da questi ultimi, del percorso personale dell'autore, un itinerario arduo ma che conduce a spazi di serenità, di gioia, di pace interiore, che insegna ad affinare lo sguardo e a vedere il bene e il bello là dove gli altri finiscono per scorgere solo ombre.

Il richiamo alla letteratura epica greca dei *nòstoi* è chiaro ma il *ritorno* assume per Giovanni Scàfaro un valore e un significato inedito. È un tornare a se stessi più consapevoli, arricchiti spiritualmente dall'esperienza del viaggio, reale o immaginario che sia.

Leggendo i significativi versi della poesia *NESTOS – Il mio ritorno a casa* non può che riecheggiare e rafforzarsi il monito dell'Ulisse dantesco "fatti non foste a viver come bruti, ma per seguir virtute e canoscenza". L'invito a perdersi nell'intento di scoprire si affianca alla certezza di ritrovare la strada di casa. La forza spirituale dell'universo ci condurrà sulla giusta via e ci sosterrà nell'affrontare tutte le difficoltà che incontreremo lungo il percorso della vita.

Presentazione

Cara lettrice, caro lettore, mi chiamo Giovanni Scafaro, sono un poeta e scrittore e ho il piacere di presentarti *Nestos – il mio ritorno a casa*, la poesia vincitrice del premio assoluto di poesia LA FIABASTROCCA - IV edizione 2015, concorso letterario nazionale per adulti dedicato alle filastrocche, fiabe e poesie, promosso dall'Accademia degli Artisti in collaborazione con il Centro studi storici di Eboli e con l'Università Popolare di Scienze della Salute Psicologiche e Sociali di Torino.

Tra poco leggerai una breve introduzione alla poesia e una mia breve nota biografica. Un modo per raccontarti le motivazioni letterarie, filosofiche e poetiche che mi hanno dato la forza di scrivere *Nestos – il mio ritorno a casa.*

Introduzione alla poesia
NESTOS – IL MIO RITORNO A CASA

Venuti al mondo come figli per ritornare nell'universo che ci ha generati. Nati e condannati a partire per poi ritornare. È il NESTOS, quell'innato bisogno di conoscenza che ci spinge verso il nostro dove.
Il ritornare è legato necessariamente a due fasi fondamentali: la partenza e la resistenza alle peripezie.
Partire, resistere e ritornare.
C'è chi parte con l'immaginazione, chi con un proprio viaggio mentale, chi invece parte fisicamente e si ritrova con una valigia in mano e un biglietto in tasca.
La notte prima della partenza cerchiamo di ri-versare un'intera galassia di stelle all'interno di una valigia. Nulla vogliamo lasciare e tutto vogliamo portare con noi, ma non è possibile. Solo il necessario. Da tutto a quasi niente, neanche le radici possono più seguirci. Siamo soli. La domanda che poniamo a noi stessi è perché sto partendo? Cosa mi spinge ad allontanarmi dalle mie sicurezze per andare incontro all'ignoto, anche se affascinante?
La risposta a questo interrogativo ha molteplici risvolti.
Si parte per avere nuove occasioni, perché non si è contenti di tutto ciò che si ha, per non sentire quel vuoto e appiattito vissuto.
Si parte per cercare quell'opportunità di lavoro che ci è stata negata. Per il desiderio di fare nuove conoscenze. Per avere fortuna.
Si parte per scappare da situazioni troppo protettive, come quelle che ho narrato nel primo romanzo, "La pergamena bianca", pubblicato da Albatros edizioni, Marzo 2010 – per allontanarsi dalla bambagia in cui si è vissuto, dove tutto è stato facile risolvere.
Si parte per un viaggio di riconciliazione, come quello che ho narrato nel mio nuovo romanzo di formazione "Caro vento d'estate", pubblicato da Watson edizioni, Giugno 2015 – un'avvincente storia d'amore e di passione per la vita che narra di una giovane "mamma di cuore" che lotta con tutte le sue forze oltre ogni ostacolo per adottare una bambina clandestina naufraga salvata a bordo di uno scafo della speranza che ti farà vibrare le alte vette dell'anima.
Si parte per andare, scappare, raggiungere, ricongiungersi, sperare. Si parte per desiderare un mondo nuovo e ancora sconosciuto.
Si parte perché è nella nostra natura umana viaggiare; e prima o poi arriva per tutti il momento di ritornare, come indicato nei tre modelli letterari di riferimento che la storia ci ha lasciato come paradigma del ritornare a casa. Alla base di questa triade di modelli c'è il *nòstoi* greco.

Il primo è il modello ulissiano, basato sulle peripezie e sulla vendetta. Ulisse dopo le sofferenze patite durante i dieci anni di guerra contro i troiani sarà costretto ad altri dieci anni di peripezie per fare ritorno alla sua Itaca, dove vendicherà in modo brutale le offese che sua moglie Penelope ha ricevuto dai Proci, ristabilendo il suo diritto di re.

Il secondo è il modello di Agamennone, basato sul ritorno negato. Agamennone ritorna in patria e viene ucciso da sua moglie e dal suo amante. I due assassini durante l'assenza di Agamennone concertano la sua morte per aver ucciso Ifigenìa, la figlia di sua moglie per sacrificarla agli dei. Poi Agamennone sarà vendicato da suo figlio che ucciderà i due amanti.

Il terzo modello è quello di Nestore e Menelào, basato sul ritorno alla normalità, e su questa ispirazione ho scritto la poesia che l'Accademia degli Artisti ha onorato conferendole il premio quale vincitrice assoluta del concorso letterario nazionale LA FIABASTROCCA 2015.

Il modello del ritorno a casa per Nestore, come per Menelào è conquistato attraverso una caratterizzazione ulissiana. Non mancano peripezie per i due eroi, ma al momento del ritorno a casa tutto rientra in una dimensione di tranquillità e di pace.

Su questo paradigma ho scritto NESTOS – il mio ritorno a casa. Un viaggio nel mondo della conoscenza di cui ho patito pene e sofferenze, ma anche la gioia di conoscere mondi nuovi, di luce, serenità, benessere e pace.

Ringrazio tutti voi lettrici e lettori e il Gruppo Borè srl, gruppo editoriale proprietario del marchio Youcanprint, per aver reso possibile la pubblicazione di questa poesia in diversi formati, compreso quello audio.

Buona immersione nei significati.

Nestos – il mio ritorno a casa

Partire fu il mio pensiero
nascere di nuovo la mia ricerca
naufrago vagai nelle valli oscure del sapere
mentre l'inciviltà delle tenebre accecava la strada della conoscenza.

La mia mente navigava errante in ogni dove
accecati dal buio nero i miei occhi imploravano di chiudersi per sempre
il nulla oscurava la nuova alba
ma non riuscì a placare la mia sete di sapere.

La bellezza della conoscenza
spingeva la mia mente oltre le colonne d'Ercole
mari pescosi e isole fiorite
trovai dove altri videro solo mostri e sciagure.

Dedicai la mia vita a viaggiare
ignaro di percorrere il mio *nestos*
provai dolore e piacere tutte le volte che il mio ricominciamento
mi spingeva a valicare le valli oscure del sapere.

Fino a quando capii che la luce della conoscenza
mi sfuggiva e riappariva per guidare il mio ritorno a casa.

Scegli i colori del tuo viaggio personale e dipingi il tuo ritorno a casa
Atelier Indie

Finito di stampare nel mese di Ottobre 2015
per conto di Youcanprint *Self-Publishing*

www.ingramcontent.com/pod-product-compliance
Ingram Content Group UK Ltd.
Pitfield, Milton Keynes, MK11 3LW, UK
UKHW041846200726
13854UKWH00005BA/2230